REVENU PASSIF

 REVENU PASSIF

REVENU PASSIF

La révolution pour la liberté

REVENU PASSIF

 REVENU PASSIF

CONTENU

Nous commençons

Qu'est-ce qu'un revenu passif

Utilisation du revenu résiduel

Utilisation du revenu à effet de levier

Utilisation du revenu actif à effet de levier

Utilisation du marketing Internet

Utiliser le marketing de réseau

Utilisation de l'immobilier

Utilisation de blogs

Fixer des objectifs et avoir un plan

La mentalité nécessaire à un revenu passif

Dernières pensées

REVENU PASSIF

 REVENU PASSIF

Nous commençons

Tout revenu que l'individu n'est pas tenu de gagner physiquement est appelé revenu passif. C'est bien sûr une façon très attrayante de gagner des revenus et, en fait, ceux qui ont la chance de gagner leur vie de cette façon sont très heureux.

Le passage à un revenu passif

Générer des chargements de camions à revenu passif et vivre les quatre heures de travail par semaine.

 REVENU PASSIF

Qu'est-ce qu'un revenu passif

Aujourd'hui, il existe des moyens très populaires et courants de gagner un revenu passif. L'écriture d'une nouvelle chanson ou d'un nouveau morceau, voire d'un jingle, et sa vente en tant que propriété commerciale générera un revenu passif très lucratif. L'ouverture d'un compte d'épargne bancaire est un autre moyen d'obtenir un certain intérêt résiduel simplement en épargnant de l'argent, bien qu'il soit peu élevé et qu'il fluctue souvent au gré des caprices et de la fantaisie des systèmes bancaires.

Apprendre les bases

La création d'une entreprise à plusieurs niveaux est une autre façon de générer des

 REVENU PASSIF

revenus passifs. Certaines entreprises à plusieurs niveaux n'exigent pas le travail habituel de recrutement et de vente de produits, mais seulement l'utilisation de leurs produits. Devenir consultant en produits financiers n'est pas seulement une bonne source passive de revenus, mais aussi un moyen d'élargir la clientèle.

Pour ceux qui ont un peu plus d'argent à disposition, ils peuvent envisager d'autres types d'investissements susceptibles de générer des profits. L'achat et la location d'un bien immobilier aident la personne à rembourser le prêt, de sorte qu'elle n'a pas besoin d'un engagement financier immédiat.

Il existe de nombreuses façons innovantes de gagner de l'argent avec le moteur Internet. Il suffit d'un peu de temps pour rechercher des outils commerciaux légitimes. L'un des outils les plus populaires est la création de vos propres informations pour les livres électroniques et autres outils de vente en

ligne qui peuvent nécessiter des changements de langue.

Le moyen le plus risqué de gagner un revenu passif serait d'investir dans diverses actions et obligations. Cependant, les niveaux de risque sont assez élevés et souvent, ils n'en valent pas la peine.

Utilisation du revenu résiduel

Après le paiement de tous les engagements mensuels, l'argent restant est appelé revenu résiduel. Ce revenu peut être très utile à un individu et est généralement lié à la catégorie de revenu la plus établie. C'est également la façon dont le secteur bancaire calcule la probabilité d'accorder un engagement de prêt à ses clients. Il s'agit d'un revenu qui continue également à être fourni bien au-delà de la période du premier versement initial.

Ce qu'il reste

Il existe de nombreuses façons d'essayer d'obtenir un revenu résiduel. L'écriture, par exemple, est une façon de s'aventurer dans ce domaine de revenus résiduels.

 REVENU PASSIF

Si le matériel d'écriture est bon, il serait possible de vendre les droits, et il en va de même pour d'autres moyens tels que l'écriture d'un logiciel viable, la composition d'une chanson, l'invention d'un gadget et bien d'autres encore.

Devenez célèbre en tant qu'acteur ou chanteur, où vous êtes toujours payé chaque fois que vous réutilisez votre travail précédent. Lorsque cela est fait pour d'autres modes de divertissement, cet artiste perçoit un revenu résiduel sous la forme de certains pourcentages de la performance initiale originale.

Gagner des revenus résiduels de l'immobilier est peut-être l'un des styles d'investissement les plus populaires dans cette optique. Si ce type de revenu résiduel est bien fait dans l'idéal et le plus rentable.

 REVENU PASSIF

D'autres moyens beaucoup plus simples de gagner un revenu résiduel consisteraient à mettre en place un plan d'épargne dès le plus jeune âge. Le maintien de cette diligence contribuerait à assurer une retraite confortable dans laquelle les revenus résiduels seraient d'une grande aide.

Les meilleurs types de plans de revenus résiduels sont généralement ceux dans lesquels l'individu avait une autonomie complète sur la manière, le lieu et le moment de l'utilisation du produit. En étant capable de dicter les méthodes d'utilisation, l'individu a également le dernier mot sur la façon dont la promotion générale et les autres aspects de l'invention se déroulent.

REVENU PASSIF

Utilisation du revenu à effet de levier

C'est peut-être l'une des façons les plus bénéfiques de créer la possibilité d'avoir un revenu continu dans un scénario à long terme.

En utilisant le style de revenu à effet de levier, l'individu gagne plus d'argent avec beaucoup moins d'efforts simplement parce que les gains obtenus ne sont pas seulement le résultat direct de ses propres efforts, mais aussi des sources ajoutées des efforts d'autres personnes.

 REVENU PASSIF

En utilisant

Idéalement, la plupart des gens travaillent pour essayer de gagner ce genre de revenus à court et à long terme. Dans ses grandes lignes, le revenu à effet de levier permet à l'individu de se concentrer sur d'autres efforts une fois que les étapes initiales de création et de mise en œuvre d'un projet particulier ont commencé. Un tel projet est alors laissé à lui-même pour générer des revenus sans qu'il soit nécessaire de prendre d'autres engagements quotidiens particuliers de la part de l'investisseur ou de l'inventeur.

La plupart des personnes financièrement à l'aise se sont lancées dans ce type d'investissement, avec l'intention de générer une forme de revenu à effet de levier. Utiliser un peu de temps et d'efforts pour réaliser un projet et prendre ensuite du recul lorsque le projet se déroule enfin de lui-même est, en fait, le scénario parfait. Par conséquent, ce style de levier du pouvoir d'achat donne à

 REVENU PASSIF

l'individu la possibilité de prendre une retraite anticipée et de profiter des fruits de son travail sans avoir à superviser le raid ou à s'impliquer physiquement.

En plus des divers instruments d'investissement qui peuvent être utilisés pour générer des revenus par effet de levier, le lancement d'un réseau de marketing ou d'une entreprise commerciale est également un autre moyen populaire de générer ce type de revenus. Bien sûr, cela demande un certain travail au début, mais une fois l'entreprise créée, il ne sera plus nécessaire de s'impliquer autant que lors des étapes initiales.

Utilisation du revenu actif à effet de levier

Les actifs à revenus pondérés fonctionnent plus ou moins selon les mêmes principes que le format normal de revenus pondérés, avec une distinction importante.

Ce style exigera de l'individu qu'il soit plus pratique et qu'il ait un pourcentage de participation plus élevé au stade initial et à une certaine stagnation tout au long du raid.

Action

Pouvoir offrir un service ou un produit qui "continue à donner" à grande échelle serait, bien sûr, l'idéal. L'étude d'un produit ou d'un service de ce type peut donc déboucher sur des options tout à fait intéressantes et viables.

REVENU PASSIF

Certaines des options simples pour un revenu à effet de levier actif comprendraient la fourniture de services lors de conférences et de séminaires d'atelier. Il est également utile d'organiser des sessions de formation pour les entreprises, car le matériel utilisé aurait déjà été conçu comme un format de base à utiliser encore et encore avec seulement quelques ajustements apportés de temps en temps.

La conception de bons modules d'étude à domicile est également un autre moyen très rentable d'obtenir le style de revenu à effet de levier pour gagner une vie confortable. Cela nécessite également un investissement initial en temps et en efforts qui crée généralement la plate-forme pour des sources de revenus continues et rentables. Ce faisant, il permet à l'individu de se concentrer sur d'autres entreprises possibles pour améliorer encore la base de ses revenus.

REVENU PASSIF

Les formules les plus efficaces utilisées dans le passé exigeaient seulement que l'individu se concentre sur la conception d'un produit ou d'un service qui serait utilisé et réutilisé de manière continue et cohérente, créant ainsi le revenu souhaité qui deviendrait finalement un revenu de levier.

Il existe essentiellement trois types de revenus à effet de levier. Le style de levier actif, le style de levier passif et le style de levier de base.

Tous ces styles exigent un certain degré de travail initial, mais s'ils sont bien conçus et exécutés, la main de la participation à long terme peut être réduite au minimum.

Utilisation du marketing Internet

Le marketing sur Internet est également désigné par plusieurs autres termes tels que marketing numérique, web marketing, marketing en ligne, search marketing et e-marketing. Ils ont tous un style de marketing similaire avec une petite différence, mais tous ont l'intention première de gagner de l'argent.

Le Web

Ce style de marketing est considéré comme assez large et lucratif.

Ce style peut inclure des services tels que l'assistance créative et technique, la

conception, le développement, la publicité et la vente. Les différents services que l'outil de marketing sur Internet peut fournir comprennent l'engagement interactif des clients, un fournisseur de moteurs de recherche à des fins de marketing, une plate-forme publicitaire et de nombreux autres outils de profit possibles.

L'utilisation de l'outil de marketing Internet peut permettre une approche personnalisée qui n'est pas toujours possible dans le monde "réel".

Cette approche, bien qu'assez large et sans orientation particulière, peut être réalisée par l'utilisation de mots-clés qui sont saisis par l'utilisateur afin d'obtenir l'information ou le service requis.

La conception d'outils de marketing censés attirer des groupes d'intérêt spécifiques se

fait également par le biais du marketing sur Internet.

Ce style a créé la plate-forme pour les connexions qui doivent être faites entre un groupe typique de segments et le produit promu.

Le marketing de niche effectué par le biais de l'outil de marketing Internet a ses mérites. Ce style connaît un grand succès et il est certainement populaire parmi ceux qui ont peu de temps et d'intérêt pour la navigation sur Internet. Ce service leur est donc très bénéfique et largement utilisé.

Les avantages de la création d'une entreprise de marketing sur Internet sont nombreux, allant du revenu important potentiel tiré du rythme de loisirs que l'on peut dicter. Cependant, rien ne va sans un certain effort pour obtenir le succès souhaité et, étant l'outil le plus courant des entreprises à l'heure actuelle, il vaut la peine d'enquêter.

Utiliser le marketing de réseau

C'est une forme de marketing de personne à personne, il y a un réel besoin pour les gens d'aller chercher des clients qui pourraient être intéressés par les produits vendus. Cette méthode est utilisée lorsqu'elle est considérée comme meilleure que l'obtention de toute affaire par d'autres méthodes telles que les outils de marketing en ligne et hors ligne. Le recours à des représentants indépendants est ici la clé du succès de l'entreprise.

Mise en réseau

Des campagnes de recrutement sont souvent menées pour essayer d'amener les gens à devenir des agents ou des promoteurs individuels d'une entreprise. Certaines de ces entreprises suivent des styles de marketing à plusieurs niveaux, tandis que d'autres ont juste besoin d'identifier des distributeurs potentiels.

L'utilisation du marketing de réseau pour créer des revenus résiduels est une autre façon de fournir une vie plus confortable d'un point de vue financier. Cette façon de gagner sa vie se fait à votre propre rythme et avec votre propre engagement. Fondamentalement, plus vous travaillez, plus vous avez de chances de gagner un revenu résiduel plus élevé. L'individu a également le privilège de décider avec qui et quand mener une affaire.

C'est un aspect très important pour certaines personnes qui aiment se rencontrer et se faire de nouveaux amis tout en profitant d'une source de revenu supplémentaire.

Cette méthode implique aussi généralement un investissement monétaire très faible et n'implique pas d'engagement à long terme. La raison pour laquelle la plupart des gens choisissent de s'essayer au marketing de réseau est la promesse très lucrative d'une perspective de revenu résiduel. Voir la réussite d'autres personnes qui ont réussi à atteindre un statut financier confortable est un bon point de repère pour se concentrer sur ses propres ambitions d'avoir un revenu résiduel bon et sain.

Il est également intéressant de garder à l'esprit qu'il n'y a pas de limite d'âge pour ce type d'effort.

 REVENU PASSIF

Utilisation de l'immobilier

C'est une autre façon de créer un revenu résiduel sans devoir trop se limiter à un style particulier ou à une exigence d'engagement.

La demande de biens immobiliers pour créer des revenus résiduels gagne rapidement en popularité car le taux de réussite et les paiements peuvent être assez tentants.

Immobilier

Parmi les facteurs d'attraction, on peut citer la capacité à contrôler les niveaux atteints en termes de revenus gagnés. Il est très rare que des quotas soient fixés ou que les agents soient obligés de les respecter.

Toutefois, pour certains agents immobiliers liés à certaines entreprises, divers programmes d'incitation sont mis en place pour aider à créer une dynamique qui pousse les agents à atteindre des normes de performance plus élevées.

Créer sa propre sécurité personnelle avec les revenus résiduels de la vente de biens immobiliers est également une autre raison attrayante de s'aventurer dans cet effort. Les revenus tirés de ce type particulier de revenus résiduels valent certainement la peine de travailler à un plan de retraite anticipée.

Lorsque l'on décide de s'aventurer dans le style immobilier qui consiste à gagner un revenu résiduel, le sentiment de pouvoir avoir un certain contrôle sur ses priorités est un avantage. Cela permettra également à l'individu d'exercer son sens des responsabilités et son engagement pour voir son entreprise immobilière réussir.

 REVENU PASSIF

Il existe également de très bons avantages fiscaux à utiliser des biens immobiliers pour obtenir une base de revenus résiduels ordonnée. Cela peut se refléter dans le système actuellement utilisé pour encourager la vente active de biens immobiliers. Ainsi, en accordant les allègements fiscaux nécessaires, une personne est plus susceptible de travailler encore plus dur pour atteindre un objectif de revenu résiduel confortable.

Il est préférable d'envisager la diversification de la capacité à gagner un revenu résiduel sans avoir l'inconvénient de devoir créer une société ou une organisation séparée, car l'incursion immobilière ne nécessite pas vraiment ces facilités.

Utilisation de blogs

L'utilisation de cette méthode dans le but d'obtenir un revenu résiduel est une nécessité à l'heure actuelle. Pour ceux qui connaissent bien Internet, c'est un excellent moyen de continuer à créer des revenus résiduels pour vous-même.

Penser qu'il faut avoir un certain niveau d'expertise n'est pas absolu, car tout le monde doit commencer quelque part. Apprendre à utiliser les meilleures techniques disponibles pour créer des blogs à succès sera directement lié au montant des revenus résiduels obtenus.

Journaux de bord

Afin d'obtenir un revenu résiduel assez lucratif des blogs, il faut un certain degré d'engagement. Le succès des blogs dépend en grande partie du niveau d'intérêt de l'individu et de sa capacité à rechercher des informations pertinentes pour s'assurer que les blogs créés sont intéressants et engageants.

Le fait de se concentrer sur l'aspect promotionnel des blogs assurera la visibilité nécessaire pour rendre le blog aussi populaire que possible. Promouvoir son contenu sur un site de réseau social et laisser des informations pertinentes sur le site garantira que le blog est bien connecté. Cela crée également les pourcentages plus élevés requis lorsqu'il y a plus de trafic généré par les sites de référence.

 REVENU PASSIF

La publication d'annonces sur le blog de la personne fournira également une source de revenus puisque la personne peut faire payer les annonces. Cela ne s'applique que si le trafic vers un tel site de blog est élevé. Par conséquent, de nombreuses autres personnes ou entreprises seront prêtes à payer pour apparaître en tant qu'annonce sur le site de blog, dans l'intention d'apporter à leur tour du trafic sur leurs sites également.

Faire en sorte que d'autres personnes écrivent des choses intéressantes qui sont ensuite présentées sur le propre blog de l'individu est un très bon moyen de maintenir l'intérêt et la diversité du blog.

 REVENU PASSIF

Fixer des objectifs et avoir un plan

Les plans et les objectifs vont de pair, sans l'un l'autre est redondant.

La présence de ces deux éléments dans la vie d'une personne est la clé pour rester concentré sur l'obtention de meilleures conditions de vie à chaque étape vers l'avenir.

Quelques suggestions

Dans la plupart des scénarios, l'argent joue un rôle majeur en tant que facteur de motivation qui motive l'individu. Le niveau de motivation d'un individu est, en fait, ce qui pousse l'effort vers les niveaux de succès atteints.

Alors que la plupart des gens cherchent aujourd'hui des moyens plus faciles de gagner de l'argent, la naissance de nombreux nouveaux efforts semble être presque quotidienne. De plus en plus de moyens créatifs sont mis au point dans l'intention première de gagner de l'argent aussi rapidement et efficacement que possible.

Une fois qu'une personne a décidé d'un objectif, l'étape suivante consiste à élaborer un plan approprié pour l'atteindre avec succès. Des points tels que la possibilité de commercialisation, les niveaux d'engagement, les investissements financiers et la main-d'œuvre ne sont que quelques-uns des éléments à prendre en compte lors de l'élaboration des plans.

 REVENU PASSIF

Les délais sont également une autre question très importante à prendre en compte lors de l'élaboration de plans pour atteindre l'objectif. La plupart des objectifs peuvent être atteints avec un certain degré d'engagement, mais pour ne pas perdre l'enthousiasme initial, il convient de fixer un calendrier approprié. Cela permettra non seulement de garantir que l'objectif est atteint, mais aussi de maintenir l'attention individuelle sur la nécessité de l'atteindre rapidement.

Prendre le temps de réfléchir sérieusement aux ambitions de l'individu permet de se faire une idée plus précise des objectifs et des projets. Il est très important d'identifier ce point pour s'assurer que le plan et les objectifs sont élaborés et réalisés avec succès. Connaître ses propres capacités et être réaliste dans ses décisions sur les objectifs et les plans est également une façon d'être sage et prudent.

 REVENU PASSIF

La mentalité nécessaire à un revenu passif

Les personnes qui se sont lancées avec succès dans le style de revenu passif consistant à se créer un revenu pour elles-mêmes ont constaté qu'elles ont une mentalité très différente de celle de l'individu moyen.

Ces personnes sont généralement motivées par l'ambition et l'argent et feront de leur mieux pour atteindre ces deux objectifs. En cherchant à obtenir le revenu résiduel souhaité par des moyens passifs, l'individu doit être prêt à faire n'importe quel effort.

Ce dont vous avez besoin

En général, les personnes qui choisissent de se procurer un revenu résiduel par le biais du style de revenu passif sont celles qui sont très concentrées et qui ont un esprit positif. Un état d'esprit positif fort est presque une condition préalable pour maintenir l'individu sur la voie du succès.

L'espoir est également un autre attribut nécessaire pour ce type d'effort. Comme ce style de revenu résiduel n'a pas la pression de devoir répondre à des supérieurs pour ne pas avoir réalisé un certain volume d'affaires, l'individu doit avoir tous les attributs positifs nécessaires pour pouvoir se pousser au niveau suivant.

Cela est particulièrement nécessaire lorsque les niveaux d'énergie sont faibles et que les réalisations visibles peuvent faire défaut.

 REVENU PASSIF

Dernières pensées

De nombreux entrepreneurs ont choisi de s'aventurer dans ce type d'arriérés de revenus. La plupart d'entre eux ont déjà la volonté et l'objectif de réussir fermement en place et tout ce dont ils ont besoin est de pouvoir identifier l'effort pertinent qui leur apportera ce qu'ils veulent.

Ils sont toujours à l'affût de toute possibilité de créer un scénario de revenu résiduel sain. Le fait d'être toujours à l'affût leur permettra également d'être très conscients des possibilités qui s'offrent à eux.

 REVENU PASSIF

Visitez notre site web! Obtenez d'autres livres de MENTES LIBRES!

https://www.amazon.fr/MENTES-LIBRES/e/B08274DDV4?ref_=dbs_p_ebk_r00_abau_000000

Si vous le souhaitez, vous pouvez laisser votre commentaire sur ce livre en cliquant sur le lien suivant afin que nous puissions continuer à nous développer! Merci beaucoup pour votre achat!

https://www.amazon.fr/dp/B089B7TPK7

www.ingramcontent.com/pod-product-compliance
Lightning Source LLC
Chambersburg PA
CBHW050306220526
45465CB00002B/849